Joana Gabriela Mendes & Mari Santos

manual de penteados para Crianças Negras

ilustrações de Flávia Borges

Companhia das Letrinhas

Para Zezé, Fatima e Mariana, as primeiras
e principais mulheres negras da minha vida.
E para Bárbara, Cris e Íris. *Joana*

Para minha vó Anna Maria, que sem pretensão me fez amar
minhas raízes. E para Monalisa, minha sobrinha amada, que
dá a urgência de um futuro bom. *Mari*

Copyright do texto © 2022 by Joana Gabriela
Mendes e Mari Santos
Copyright das ilustrações © 2022 by Flávia
Borges

Grafia atualizada segundo o Acordo
Ortográfico da Língua Portuguesa de 1990,
que entrou em vigor no Brasil em 2009.

Preparação
STÉPHANIE ROQUE

Projeto gráfico
MARINA NINA VENANCIO

Revisão
BONIE SANTOS
LUCIANA BARALDI

Revisão técnica
LAYLA MARYZANDRA

Tratamento de imagem
M GALEGO • STUDIO DE ARTES GRÁFICAS

Dados Internacionais de Catalogação na Publicação (CIP)
(Câmara Brasileira do Livro, SP, Brasil)

Mendes, Joana Gabriela
    Manual de penteados para crianças negras / Joana
Gabriela Mendes, Mari Santos ; ilustrações Flávia Borges.
— 1ª ed. — São Paulo : Companhia das Letrinhas, 2022.

    ISBN 978-85-7406-997-5

    1. Literatura infantojuvenil I. Santos, Mari.
II. Borges, Flávia. III. Título.

22-98861	CDD-028.5

Índices para catálogo sistemático:
1. Literatura infantil 028.5
2. Literatura infantojuvenil 028.5

Aline Graziele Benitez — Bibliotecária — CRB-1/3129

2022

Todos os direitos desta edição reservados à
EDITORA SCHWARCZ S.A.
Rua Bandeira Paulista, 702, cj. 32
04532-002 — São Paulo — SP — Brasil
☎ (11) 3707-3500
✉ www.companhiadasletrinhas.com.br
✉ www.blogdaletrinhas.com.br
⨍ /companhiadasletrinhas
◎ @companhiadasletrinhas
▶ /CanalLetrinhaZ

sumário

Apresentação 04

Introdução 06

O que você precisa saber antes do passo a passo 08

Penteados 13
   1. *Blow Out* 15
   2. Fitagem 19
   3. Fitagem Plopping 23
   4. Black Power 27
   5. Afro Puff 31
   6. Puff Espacial ou Orelha de Coelho 35
   7. Coquinhos de Coquinhos ou Bantu Knots 39
   8. Tranças Boxeadoras 43
   9. Tranças Nagô ou Trança Raiz 49
   10. Dread do Pantera 53
   11. Twist do Pantera 57
   12. Falso Moicano 61

Cortes de cabelo 65
   1. Flat Top 66
   2. Degradê ou Disfarce ou Corte do Jaca 68

E agora? 70

Posfácio 75

Sobre as autoras 76

Sobre a ilustradora 78

Sobre a designer 79

apresentação

Nós somos Joana Gabriela Mendes e Mari Santos, duas publicitárias negras que um dia sonharam em ensinar crianças a cuidarem de seus cabelos. Fizemos este livro pensando em crianças como você, que são como a gente também foi um dia. E em nossos cabelos lindos e na história que eles carregam. Com este livro, você vai aprender que pode enfeitá-los de muitas formas diferentes! São dicas fáceis e simples para você pentear seu cabelo sem precisar da ajuda de adultos.

Além de ensinar como fazer os penteados, queremos contar um pouco da história de cada um deles. Muitos dos penteados que fazemos aqui no Brasil têm origem lá na África. Eles chegaram até aqui porque vários povos africanos foram trazidos à força para o nosso país vindos da África Ocidental — povos sudaneses e/ou iorubas (nagôs, ketus e egbás), gegês (ewês e fons), fanti-ashanti (conhecidos como mina), povos islamizados (mandingas, haussas, peuls) —, da África Central — povos bantos (bakongos, mbundo, ovimbundos, bawoyo e wili, isto é, congos, angolas, benguelas, cabindas e loangos) — e África Oriental — conhecidos como moçambiques. E, com eles, vieram sua cultura, seus costumes, suas religiões e sua filosofia de vida. Hoje em dia, os descendentes desses povos — entre eles nós duas e você — formam a maior parte dos brasileiros. Apesar de os significados desses penteados e suas técnicas terem se alterado ao longo do tempo, eles ainda

estão extremamente presentes em nosso cotidiano. Talvez você não conheça muito dessa história, mas tudo bem, porque a gente vai contar um pouco dela aqui também. Além disso, é importante você saber um pouco da história porque, na hora que perguntarem "Mas de onde veio esse penteado?", você vai poder dizer "Ele veio desse país *aqui* e a história dele é esta". Nada melhor do que saber de onde a gente veio para saber para onde a gente vai.

Aliás, faz muito pouco tempo que crianças negras têm uma variação de penteado valorizada e celebrada. Quando a gente era criança, há uns trinta anos, era assim: ou as meninas tinham os cabelos alisados desde bem pequenas, ou tinham que prender os cachos. E os meninos? Eles tinham o cabelo raspado. Muita coisa mudou desde então. Hoje formamos uma população negra que cansou de ter alguém falando como os nossos cabelos deveriam ser. Mas a gente sabe que ainda existe um longo caminho pela frente.

Com este manual, queremos ajudar você com suas dúvidas e curiosidades e fazer um convite para conhecermos melhor nossos cachos, nossos nós e as histórias que nossos cabelos carregam.

introdução

A população negra é maioria no Brasil. E mais: o Brasil tem a segunda maior população negra do mundo, só ficando atrás da Nigéria. São pessoas dos mais diferentes tons e tipos de cabelo, mas que têm uma coisa em comum: a maioria descende de negros africanos escravizados.

Na maior parte dos países e grupos étnicos da África, os cabelos e penteados têm muitos significados que estão presentes na história dos povos que dão origem a ele, por exemplo: de onde você veio; se é homem ou mulher; se já pode se casar; se é adulto, criança, adolescente; se está passando por um processo de luto; se acabou de ter neném. Nas civilizações africanas, o ofício de cabeleireiro tem aspectos sociais, culturais e familiares e é, majoritariamente, feito por mulheres. Homens podem cuidar de cabelos, mas depende do grupo étnico. As cabeleireiras e os cabeleireiros, os trancistas e as trançadeiras têm um lugar de destaque porque são as guardiãs e os guardiões das histórias, que são passadas por tradição oral. Ao longo do tempo, porém, muitas dessas histórias foram apagadas, como uma forma de a população negra esquecer quem era.

Uma das primeiras coisas que se fazia ao capturar uma pessoa negra na África era raspar a sua cabeça, porque, assim, não haveria como saber de qual grupo étnico ela vinha, se tinha filhos, se estava de luto — ou seja, era uma maneira de apagar sua identidade. Além disso, em 14 de dezembro de 1890, o então ministro Ruy Barbosa mandou que fossem apagados todos os registros da escravidão no Brasil, e quase tudo o que havia por escrito se perdeu. Por isso, o que sabemos hoje existe por causa da tradição oral passada de geração em geração. São histórias que têm fios e mais fios que ligam vários continentes e vários povos, e que mostram a importância do cuidado e do carinho na hora de cuidar da nossa cabeça.

Nas religiões brasileiras de matriz africana, o orí, palavra que em iorubá quer dizer "cabeça", é o centro de tudo. É o destino, o futuro. E, por ser tão importante, o ori não pode ser tocado por qualquer pessoa, apenas por quem você deixa ou por quem sabe o que fazer — você não quer qualquer pessoa mexendo no seu destino, né?

Cuidar do nosso cabelo é cuidar da nossa cabeça, é olhar para o passado com um olho no futuro. É trazer afeto, carinho, amor e ancestralidade.

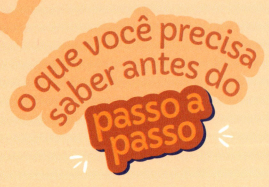

A gente sabe que você já quer começar a fazer seus penteados, tirar foto, postar e mandar no grupo da família e dos amigos, mas você precisa aprender algumas coisinhas importantes antes de pôr a mão na massa. Vamos ensinar os cuidados básicos que você deve ter com seu cabelo, apresentar alguns termos que você vai ler muito neste livro e dar algumas dicas para você começar já sabendo bastante coisa. Bora lá?

Os 3 Cs: crespo (cacheado), cuidado e carinho

O cabelo crespo é muito sensível, assim como o couro cabeludo. Por isso, os ingredientes essenciais são cuidado e carinho. Nunca use força, nunca puxe, nunca machuque. Se conseguir, separe um tempo da sua rotina para o cuidado com seus cabelos. Se você está lendo este manual para cuidar do cabelo de alguma criança, esse momento pode virar parte da rotina de vocês, e com certeza vai gerar lembranças que vocês vão guardar no coração para sempre e que vão ser passadas para as próximas gerações.

Hidratação

Os cabelos crespos e cacheados costumam precisar de mais hidratação do que os demais tipos de cabelo. Isso se deve à curvatura do cabelo, que faz com que a oleosidade não seja distribuída igualmente. Por isso, o momento da hidratação é muito importante para quem tem cabelos crespos e cacheados.

Use cremes sem parabenos e sem sal. Se forem especialmente feitos para crianças, melhor. Existem até alguns aplicativos para celular que facilitam e criam cronogramas de hidratação. Eles são muito interessantes para quem sente que o cabelo precisa daquela hidratação mais intensa e ainda dão dicas de produtos acessíveis.

E como lavar o meu crespo?

Por ser um cabelo que requer mais hidratação, o ideal é não lavar todos os dias. Uma técnica que pode ajudar muito é a *co-wash*, ou seja, a lavagem com condicionador.

Funciona assim: você pula a etapa do xampu e... lava o cabelo direto com o condicionador. Só. Simples, né? Mas não se preocupe, o cabelo vai ficar limpo! Assim como o xampu, o condicionador também tem agentes que promovem a limpeza dos fios.

Se você quiser usar xampu, não precisa de muito. Só um pouquinho na palma da mão já basta. Lembre-se de usar um produto especial para crianças, que não agrida os seus olhos. Você também pode usar um sabão vegetal, como o de coco, por exemplo, que é natural e deixa aquele cheirinho delicioso no final. Só tome cuidado com as versões industrializadas: elas têm mais componentes químicos do que o necessário. Prefira sempre sabões vegetais 100% naturais.

A água é muito importante também. De preferência, ela deve estar morna ou fria na hora da lavagem. Se você mora em uma cidade onde faz muito frio, é difícil mesmo tomar banho de água fria, então prefira a água morna. O que você precisa lembrar é que ela nunca pode ser muito quente, senão os fios do cabelo perdem a hidratação. Faça todo esse processo com muito cuidado e carinho, combinado?

Do cacheado ao crespo:
por que você não vai ver uma classificação aqui

Há algum tempo foi criada uma classificação de cabelos. Ela vai do mais liso até aquele que é considerado o mais crespo. Mas, nessa escala, o liso é o 1 e o crespo é o 4. A gente quer que nossos crespos e cacheados se sintam como número 1. Por isso, você não vai ver essa classificação aqui. Além do mais, na nossa cabeça — que tem cabelo crespo —, nascem cabelos mais enrolados, ou menos, e não é tão simples assim classificar um ou outro.

O importante é: todos os cabelos crespos e cacheados são lindos, e você, não importa a sua idade, vai descobrir que com alguns cuidados simples o seu vai ficar mais lindo ainda.

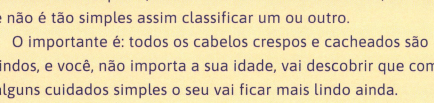

Umectação

Umectar significa umedecer. Para ter um reforço em cabelos mais ressecados, a gente recomenda que você faça umectação uma vez por semana. A técnica, que, se acredita ter surgido na Índia, consiste em aplicar alguns óleos no cabelo. Basta separá-lo em mechas, passar o óleo e deixar por trinta minutos. Você pode passar manteiga de karité, que é usada na África há milhares de anos, ou azeite de oliva ou óleo de coco, que são muito fáceis de achar no mercado. Ou, ainda, manteiga de cupuaçu e óleos de babaçu, argan, de rícino, de linhaça, de semente de uva, de abacate — ou algum específico para cabelos crespos que seja bom tanto para o seu cabelo quanto para o seu bolso.

Creme para pentear/leave-in

Como tudo na vida, tem gente que gosta, tem gente que não. Se for usar, escolha um creme que seja hidratante, feito especialmente para cabelos crespos e cacheados, ou algum que seja acessível para você e tenha uma textura leve. A dica é usar uma quantidade que seja do tamanho de uma moeda de um real na palma da mão. Não exagere: se o cabelo ficar com muito creme, isso pode causar seborreia, caspa e pouca hidratação. Ah, e se possível, compre produtos sem parabenos.

Pentes específicos

Você sempre pode usar os dedos para desembaraçar cabelos crespos. Os fios têm que estar úmidos, para não machucar. Além disso, com os dedos, o desembaraçar fica mais suave e você pode descobrir as texturas diferentes dos seus fios e fazer um carinho em você.

Prefere ir de pente? Vá com cuidado e experimente aqueles com dentes largos ou garfos e escovas específicas para cabelos crespos e cacheados (faça uma busca na internet: com certeza você vai encontrar um ideal para você!).

Para quem não é muito fã de frizz (a gente adora, porque ele faz parte da natureza dos nossos cabelos), o pente de madeira é a melhor opção, pois ele passa menos eletricidade aos fios e agride menos o couro cabeludo.

Acessórios, acessórios e... acessórios!

Dá para soltar a imaginação e caprichar nos acessórios! Elásticos ou xuxinhas (o nome pode variar de acordo com a sua região), grampos coloridos, flores artificiais ou naturais, glitter, presilhas, contas e miçangas. Os cabelos crespos e cacheados são extremamente versáteis. É só escolher um acessório — ou vários — e começar a brilhar!

Tamanhos

Alguns penteados funcionam para todos os tamanhos de cabelo. Outros, nem tanto. Por isso, você vai ver esses símbolos no livro. Eles indicam para qual tamanho de cabelo aquele penteado é ideal.

Livre feito um pássaro

Maya Angelou, uma famosa escritora norte-americana, escreveu o livro *Eu sei por que o pássaro canta na gaiola*. Os pássaros, assim como a gente, têm que ser livres. Por isso, inspiradas por Maya, queremos fazer um convite: que tal separar um dia da semana para deixar o cabelo livre? Sem creme, sem nada. #crespolivre #cacheadolivre

E na hora de dormir?

Para manter o cabelo mais hidratado por mais tempo, você pode comprar ou fazer fronhas e touquinhas de cetim ou algodão e usá-las na hora de dormir. Pode até ser uma camiseta 100% algodão enrolada no cabelo, como a gente ensina na página 24.

Como fazer cafuné num crespo?

Primeiro, pergunte a quem ostenta um precioso crespo
se você pode tocar sua cabeça. O seu reino.
Depois de pedida a permissão, vem com a gente nessa lição?
Um cafuné é uma prova de carinho,
mas ele é bem diferente num crespo.
Opa! Cuidado! É cheio de cachinhos!
Sem movimentos bruscos,
sem surpresas.
Quem recebe vai pensar: mas que beleza!
E se, de repente, encontrar um nozinho,
sem embaraço, passe para outro lado
bem devagarinho,
e já pode recomeçar o afago!

Agora, vamos ao passo a passo dos penteados?

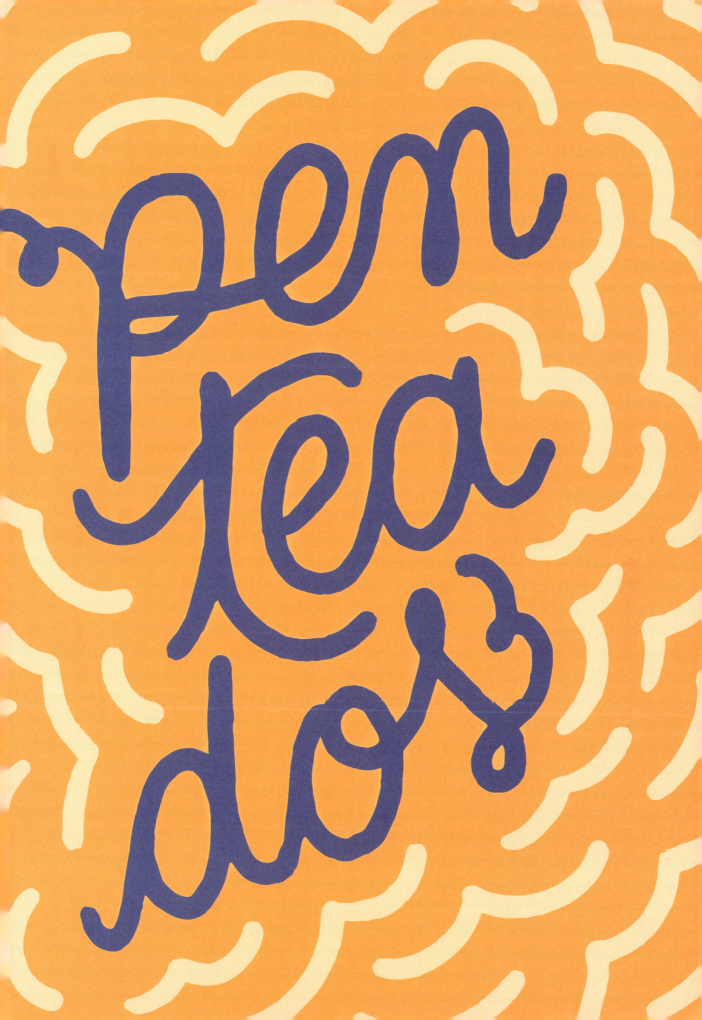

Blow Out

para cabelos · pequeno · médio · grande

O *blow out* é tanto uma técnica quanto um estilo. Por isso, ele está aqui primeiro. A gente vai usá-lo em muitos penteados para fazer o cabelo ficar mais volumoso — coisa que a gente ama! E atenção: não importa se ele estiver mais curto, o visual fica incrível também. Então, se você quiser fazer só para ver como vai ficar, sem nenhum penteado em vista, a gente também recomenda.

Bom, o *blow out* nada mais é do que deixar os cachos totalmente sem definição com o auxílio de um secador. Para isso, é importante que os cabelos estejam hidratados, já que o ar quente e o atrito da escova com o cabelo o agridem. Bora *blow*?

Vem saber um pouco da História!

Antigamente, para secar o cabelo, as mulheres se sentavam em uma cadeira e colocavam a cabeça dentro de um capacete bem grande, parecido com os escafandros que os mergulhadores costumavam usar. Essa técnica de "entrar" no secador não era das melhores, porque o calor que a máquina emitia... bem, fritava o couro cabeludo. Além disso, era um método extremamente trabalhoso também para as cabeleireiras. Até que, em 1962, a cabeleireira Rose Evansky criou o *blow dry*.

Depois de ver um barbeiro usar um secador de mão no cabelo de um homem, Rose pensou: "Será que posso fazer isso com as mulheres?". Enquanto ela testava a técnica que a gente conhece por aqui como "escova", Clare Rendlesham, editora da revista *Vogue*, entrou no salão da Rose e ficou maravilhada. A notícia correu e, naquele mesmo dia, a editora de moda do jornal *The Evening Standard*, Barbara Griggs, publicou uma matéria sobre a novidade. De acordo com o *Hairdressers Journal International*, uma famosa publicação para cabeleireiros, a técnica "instantaneamente deu a Rose a reputação de uma das melhores cabeleireiras de Londres e passou a se tornar a norma em secagem de cabelo". Então, obrigada, Rose!

A técnica dela é para secar o cabelo para baixo, mas a gente vai te ensinar a secar para cima!

materiais
- xampu e condicionador
- creme para pentear ou leave-in *
- protetor térmico
- escova para cabelos crespos e cacheados
- clipes de cabeleireiro
- secador de cabelo

* item opcional

1. Lave o cabelo normalmente e use condicionador também. Em seguida, com os fios ainda molhados, passe o creme para pentear, desembarace bem e espere o cabelo secar.

2. Separe o cabelo em, mais ou menos, cinco partes. Se o cabelo for grande, você pode separar em mais. Se for curto, em menos. Você vai trabalhar com uma mecha de cada vez.

3. Na mecha escolhida, passe o protetor térmico e use a escova para desembaraçar novamente, lembrando dos 3Cs: crespo, cuidado e carinho. Cabelos crespos e cacheados embaraçam com facilidade.

protetores de orelha

Use o ar quente do secador de cabelo e, com a ajuda da escova, comece a secar a mecha e penteá-la para cima. Muito cuidado aqui para não queimar o couro cabeludo ou suas orelhas. Se precisar, algumas casas de produtos de beleza vendem protetores de orelha.

Repita o procedimento por todo o cabelo e finalize com um óleo da sua preferência. Essa técnica também é ótima para trazer mais volume para os fios.

Atenção! ⚠️
O blow out é uma ótima técnica, mas pode danificar os fios se você exagerar. Evite fazer com frequência e lembre-se de sempre hidratar o cabelo.

Assim como o *blow out*, a fitagem é tanto uma técnica quanto um penteado. Você pode fazer a fitagem para deixar os cabelos mais hidratados e tirar o excesso de creme meia hora ou uma hora depois, ou até no dia seguinte. Ou você pode usá-la para ter cachos superdefinidos.

Vem saber um pouco da História!

Acredita-se que o método tenha sido criado no salão norte-americano Ouidad, o primeiro de Nova York dedicado a cachos, fundado em 1984. Em inglês, a fitagem é chamada de *rake and shake*, que quer dizer "rastelar e sacudir". O rastelo é aquele equipamento que as pessoas usam para juntar folhas caídas no chão, e a técnica leva esse nome porque, ao passar os dedos pelo cabelo, nossa mão imita essa ferramenta. A fitagem que fazemos no Brasil é um pouco diferente. Apesar de o processo de "rastelo" ser igual, em vez de sacudirmos os fios, nós os amassamos.

Foi a youtuber Rayza Nicácio quem popularizou a técnica aqui no país, em 2012. Rayza se tornou referência para várias pessoas negras em transição capilar, o momento em que se decide parar de fazer alisamento químico, ou seja, por meio de produtos que quebram a fibra dos fios para deixá-los lisos. Dizemos que o cabelo transiciona de *com química* para *natural*.

passo a passo

1. Com o cabelo úmido (sem excesso de água) e desembaraçado, separe os fios em cinco seções. Você pode prender com clipes de cabeleireiro a ou fazer coquinhos. Se quiser mais definição, divida em mais seções. Se seu cabelo for curtinho, pule essa etapa.

2. Passe o equivalente a uma moeda de um real de creme para pentear em cada seção. Com os dedos firmes, vá espalhando o produto do meio dos fios até as pontas, como se estivesse penteando.

Fitagem Plopping

Essa técnica é para quem quer mais definição ainda. Você pode usar uma toalha de microfibra, se quiser, ou tentar do jeito mais fácil e econômico: com uma camiseta 100% algodão.

materiais

- creme para pentear ou leave-in
- escova para cabelos crespos e cacheados
- secador de cabelo *item opcional
- prendedores de cabelo *item opcional
- camiseta de algodão

passo a passo

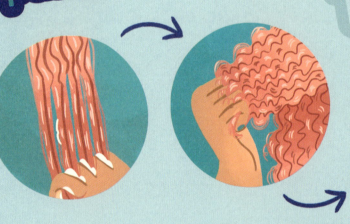

1 Siga o passo a passo da fitagem, explicada no capítulo anterior até o passo 3.

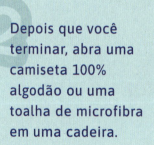

2 Depois que você terminar, abra uma camiseta 100% algodão ou uma toalha de microfibra em uma cadeira.

3 Coloque a camiseta com as mangas viradas para a frente do seu corpo, e a parte inferior, que ficaria na sua cintura, virada para a parte de trás do assento da cadeira.

Coloque a cabeça em cima da camiseta traga a base da blusa (onde não há mangas) até a sua nuca.

Amarre as mangas por cima da parte de baixo, ainda com a cabeça abaixada.

6 Aperte bem o nó na cabeça e prenda as pontas que ficarem para fora.

7 Você pode deixar o cabelo secar naturalmente e até dormir assim. Ou deixar de 10 a 20 minutos, soltar e usar o secador de cabelo, como faria na fitagem comum.

Black Power

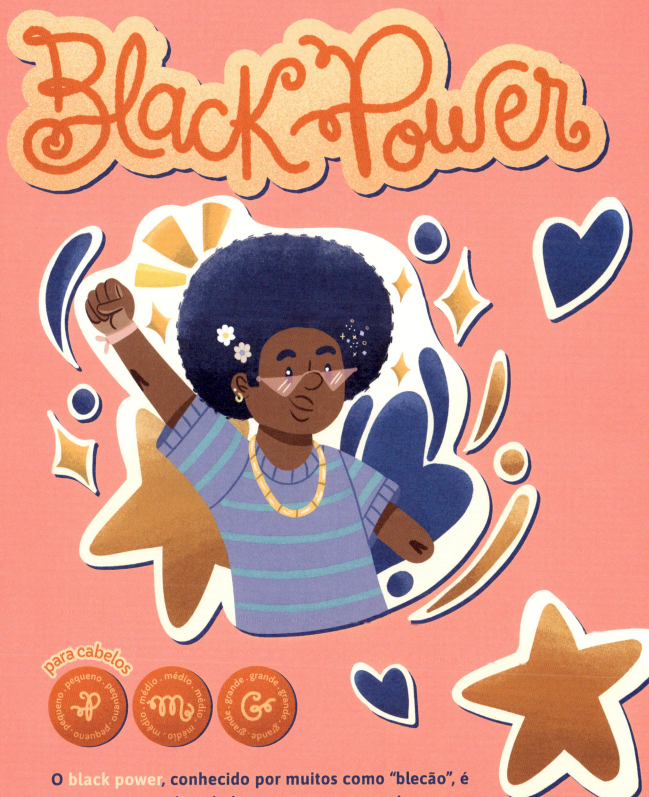

para cabelos
pequeno · médio · grande

O **black power**, conhecido por muitos como "blecão", é tanto um corte de cabelo quanto um penteado em que o cabelo fica bem alto e natural. Aliás, quanto mais alto, melhor. Muitas vezes, ele tem um formato redondo ou quadrado. Se você quiser, pode ir até um salão especializado em cabelos cacheados e crespos para dar a forma que você preferir.

Vem saber um pouco da *História*!

Nos anos 1960, os Estados Unidos passaram pelo Movimento dos Direitos Civis. A população negra era impedida de usufruir dos direitos que os brancos tinham, e, com o movimento, chegou um renovado senso de identidade para a comunidade negra norte-americana. Dentro desse renovado senso de identidade, houve também uma valorização da beleza e da estética negras, representada pela frase "Black is beautiful", ou seja, "Negro é lindo". O cabelo natural, então, se tornou um poderoso símbolo político que refletia o orgulho negro.

No final dos anos 1960, o penteado virou um símbolo entre os Panteras Negras e figuras como o guitarrista Jimi Hendrix, a ativista Angela Davis, e os grupos Jackson 5 e The Supremes.

O black power, ou black pwr, também foi muito usado entre cantores e artistas brasileiros como Tony Tornado, Tim Maia e Zezé Motta, e tinha presença cativa nos bailes de *soul music* no Rio de Janeiro e em São Paulo, como Noite do Shaft, Movimento Black Rio e Clube 220. Em 1974, surgiu em Salvador, na Bahia, o bloco afro Ilê Aiyê. A partir dele, vieram com ainda mais força uma proposta de estética negra no Brasil e uma identidade negra brasileira mais ligada à África.

No começo dos anos 1970, o black power foi perdendo força política e parou de ser tão usado nos Estados Unidos. Já no Brasil, ele perdeu força a partir de 1985, com a chegada de indústrias internacionais de produtos de beleza. Voltou à cena durante os anos 2000, nos Estados Unidos, onde começou a ser usado por Lauryn Hill, Erykah Badu, Kobe Bryant, Lenny Kravitz e muitos outros.

Nos anos 2010, o black power ressurgiu no Brasil na cabeça de mulheres e homens negros.

Os Hadendoa, um grupo étnico nômade de pastores de onde hoje ficam o Sudão, o Egito e a Eritreia, usavam o black na parte de cima da cabeça e faziam trancinhas na parte de baixo, que modelavam aplicando manteiga ou gordura de carneiro. Na Somália, alguns jovens deixavam seus cabelos crescerem, penteavam com cuidado para que ficassem bem grandes e finalizavam com *ghee*, um tipo de manteiga clarificada. Tá aí uma ideia, né?

materiais

- xampu e condicionador
- creme para pentear ou leave-in
- pente garfo
- pente de dentes largos
- secador de cabelo
- acessórios como: flores, presilhas, tecidos *item opcional

passo a passo

1. Com os cabelos limpos e com um produto da sua preferência, que pode ser creme para pentear ou leave-in, penteie os cabelos com um pente de dentes largos. Sempre com cuidado e carinho.

cacheado · cuidado · carinho
crespo · cuidado · carinho

2. Use a técnica do *blow out*, que ensinamos no início do livro (página 17). A ideia não é que o cabelo fique liso, mas que seque e ganhe volume.

3. Com o pente garfo, suba ainda mais o cabelo.

4. Pronto! Se você quiser colocar algum acessório, glitter, é essa a hora.

Afro Puff

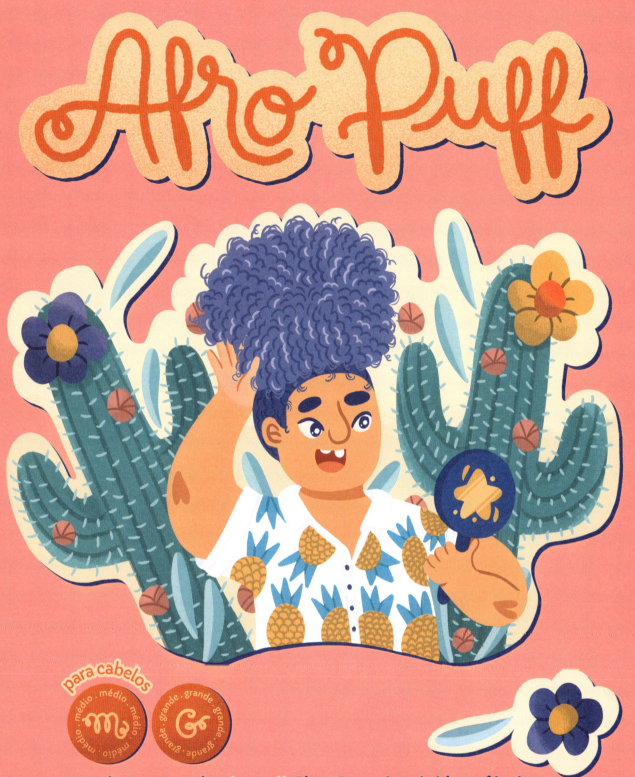

Há alguns tipos de afro puff. Eles são muito rápidos e fáceis de fazer. Ficam lindos e vão desde um rabo de cavalo simples até um visual mais divertido, com vários puffs. Eles servem também se você tem um black power e quer dar uma mudada no visual.

Aqui nós ensinamos você a fazer esse penteado de duas maneiras. Teste as duas e escolha a de que você mais gostar.

Vem saber um pouco da História!

Essa história vai ser menor, porque ela tem uma segunda parte — ou seria uma primeira? Bem, o afro puff tem origem nos cabelos que chamamos de black power. Mas, em inglês, esse penteado é chamado de "afro". Então, traduzindo livremente, o afro puff seria um black power fofo. O afro puff é um penteado que teve origem no black power segmentado em rabos de cavalo. A gente contou para você na página 28 a origem do cabelo black power e o que o movimento de mesmo nome significou no Brasil e no mundo.

materiais
- soro fisiológico — para finalizar e hidratar
- creme para pentear ou leave-in
  * você pode usar também produtos naturais como babosa, gel de linhaça, manteiga de karité etc.
- opção 1: elástico de cabelo ou meia-calça cortada
- opção 2: cadarço

Antes de começar, um detalhe importante!
O cabelo precisa estar seco para dar o puff. Muito cuidado, já que os cabelos crespos costumam ser fininhos e delicados. Por isso, um toque suave vai tornar esse processo bem mais tranquilo.

cacheado · cuidado · carinho
crespo · cuidado · carinho

passo a passo
opção 1

1. Segure o cabelo para cima e dê três voltas nele com um elástico ou meia-calça cortada. Deixe apertadinho para dar um visual puff e pronto.

passo a passo
opção 2

1. Deixe o cabelo bem no alto, como em um rabo de cavalo.

2. Com o cadarço, envolva o cabelo para prendê-lo para cima.

Vem saber um pouco da *História*!

Esse penteado é composto por dois afro puffs laterais, e a gente acha que ele fica com um ar "espacial", afrofuturista. Mas o que é o afrofuturismo?

Segundo a escritora Ytasha L. Womack, o afrofuturismo é uma "intersecção entre a imaginação, a tecnologia, o futuro e a libertação". O movimento existe desde 1950, mas ele só recebeu esse nome em 1994, em um ensaio do sociólogo Mark Dery. Ainda assim, as ideias do afrofuturismo demoraram mais uns anos para se popularizar. Foi no final da década de 1990, a partir de conversas lideradas pela estudiosa Alondra Nelson, que o movimento conseguiu se difundir.

O afrofuturismo combina elementos da ficção científica, da fantasia e da arte dos descendentes da diáspora forçada africana para revisar, analisar e criticar o passado e examinar os dilemas atuais da população negra. Ao considerar os avanços da tecnologia, o afrofuturismo se apropria da modernidade para construir a imagem de um futuro feito por pessoas negras a partir das nossas referências. Um futuro em que sejamos livres para nos expressar com as referências da nossa herança como parte da diáspora. Você é o afrofuturo.

VOCÊ SABIA?

"Diáspora" quer dizer movimentação de grandes grupos de pessoas de um lugar para o outro. No caso da diáspora africana, essa movimentação foi forçada, ou seja, as pessoas foram sequestradas e forçadas a deixar o seu lugar de origem contra a vontade delas.

3 Faça outro afro puff na lateral direita da cabeça.

4 Cheque se os dois miniafro puffs estão alinhados e pronto!

Não esqueça! Você pode usar o método do elástico ou o método dos grampos, como viu no capítulo anterior.

Coquinhos de Coquinhos

ou Bantu Knots

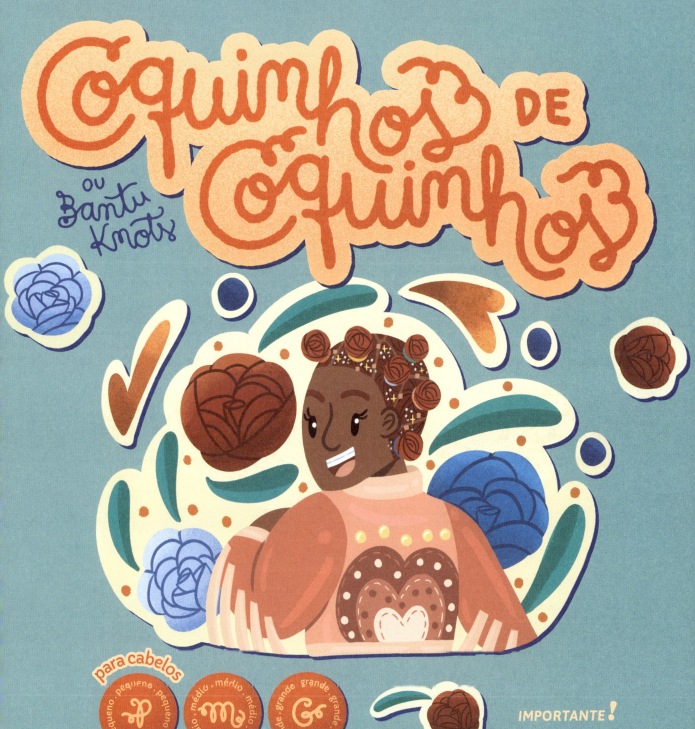

para cabelos

Os **coquinhos** conhecidos em muitas casas de pessoas negras, são um penteado protetivo e também para texturização. O que isso quer dizer? Que eles podem ser usados tanto para dar aquele estilo quanto para proteger os fios e o couro cabeludo — além de deixar os cachos ainda mais definidos e ajudar no período da transição capilar. Um só penteado e diversos usos. Vamos aprender?

IMPORTANTE!
É possível fazer os coquinhos/bantu knots em cabelos curtos, mas não curtíssimos. Para alongar os fios um pouco mais, você pode usar a técnica *blow out* (página 17).

Vem saber um pouco da História!

Os bantu knots também são conhecidos como zulu knots, porque se acredita que esse penteado tenha sido criado pelo povo Zulu, um grupo étnico banto das áfricas meridional e ocidental. Em inglês, *knots* quer dizer "nós", então a tradução seria "nós bantos". Porém, aqui no Brasil, esse penteado é conhecido como "coquinhos".

Se você é uma pessoa negra, você provavelmente descende de um dos muitos povos do tronco linguístico banto, já que muitos deles foram trazidos à força para o Brasil e escravizados. Há mais de quatrocentos grupos étnicos falantes de línguas bantas, entre os quais: os Zulu, da África do Sul; os Shona, do Zimbábue; os Luba, do Congo; os Sukuma, da Tanzânia, entre muitos outros. A palavra Bantu, usada para as famílias linguísticas e seus falantes, é um termo artificial, baseado no termo "Proto-Bantu", e quer dizer "pessoas" ou "humanos".

As línguas bantas são teoricamente derivadas da língua protobanta, que, estima-se, era falada há cerca de 4 mil anos na África Ocidental. Na expansão banta, esses idiomas se espalharam pelas Áfricas Central, Oriental e Meridional, numa disseminação que durou cerca de dois milênios.

Apesar de a maioria dos povos de língua banta ter costumes diferentes, muitos deles são semelhantes. Eles foram um dos primeiros povos a ter conhecimento sobre o ferro e a metalurgia — um dos motivos de terem sido trazidos à força para o Brasil durante a escravidão. Eles contribuíram enormemente para sermos o país que somos hoje, tanto na cultura quanto na língua. A capoeira, o samba e a congada são expressões artísticas de origem banta. Palavras como *caçula*, *cafuné*, *moleque*, *muvuca* e muitas outras vêm de línguas do tronco banto.

materiais

- pente de dentes largos
- pente de ponta fina
- creme para pentear, pomada ou leave-in
- elásticos finos de cabelo, linguinhas ou presilhas tique-taques
- grampos de cabelo
- clipes de cabelo
- glitter *item opcional

passo a passo

1. Após passar o creme de pentear, com os fios limpos e desembaraçados com a ajuda de um pente de dentes largos, sempre com muito cuidado e amor, separe o cabelo em mechas.

2. Na hora de separar as mechas, use um pente de ponta fina ou um palitinho de unha para criar desenhos. Abuse da criatividade: faça quadrados, triângulos, zigue-zagues.

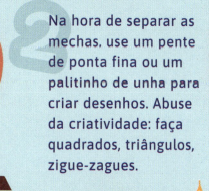

3. Use clipes de cabeleireiros para segurar as mechas que você não estiver usando enquanto faz o coquinho.

4 Escolha uma mecha e a enrole, torcendo firme, mas sem machucar. Nessa parte é importante ter muito cuidado, pois, se apertar pouco, o coquinho vai ficar frouxo e, se apertar demais, você poderá ter dor, coceira, seborreia e até queda de cabelo na região a longo prazo. Se aparecerem pequenas bolinhas, é porque você apertou forte demais.

5 Coloque um dedo na base da torção e enrole-a ao redor dele, formando um nó. Torça bem a ponta do cabelo em volta da base do nó.

6 Repita esse procedimento até que todo o cabelo esteja dividido em mechas e com nós.

7 Se você quiser usar como penteado, passe elásticos coloridos e glitter para deixar ainda mais lindo. Se for só para texturização, você pode deixar assim ou usar grampos, como nossas avós e mães faziam.

Vem saber um pouco da História!

Neste livro, você vai aprender a fazer dois tipos de tranças: a boxeadora e a nagô. Como a nagô tem uma história muito ligada à população negra brasileira, a gente separou as duas partes. Neste capítulo, vamos contar um pouco da história das tranças como penteados e qual seu simbolismo para diferentes grupos étnicos na África. No capítulo da trança nagô, vamos explicar melhor quem foi esse grupo étnico e a importância dele no Brasil.

Uma das imagens mais antigas de uma trança foi descoberta em um cemitério egípcio chamado Saqqara, próximo ao rio Nilo, e tem aproximadamente 30 mil anos. Sabe a famosa Grande Esfinge de Gizé, no Egito? Pois é, ela tem tranças boxeadoras. Elas também aparecem representadas em hieróglifos e esculturas em Gana, por volta de 500 a.C. O que torna a trança de Gana tão diferente da tradicional é o jeito como ela começa e finaliza: cada uma começa pequena e vai engrossando à medida que termina. Nas pontas, a trança afunila novamente.

Entre os vários penteados tradicionais das mulheres Fula (ou Fulani, uma das maiores comunidades pastorais nômades do mundo, que povoa a África Ocidental e a região do Sahel), há aquele em que elas usam longas tranças laterais, assim como na parte de trás da cabeça, decoradas com miçangas, búzios e botões.

Essa é uma tradição que é passada de geração a geração para mulheres e meninas. Inclusive, elas chegam a colocar moedas nas tranças como um símbolo da riqueza de sua família. Algumas mulheres de famílias empobrecidas substituem as moedas por botões na hora de enfeitar o penteado.

As *box braids*, que ficaram bastante conhecidas no Brasil nos últimos anos, podem ser datadas desde 3500 a.C. na África Ocidental. Também se acredita que elas têm origem nas tranças Eembuvi, da Namíbia, ou nas tranças feitas pelas mulheres do Vale do Nilo, que já trançavam seus cabeços há mais de 3 mil anos.

Aqui no Brasil, o nome *box braids* substituiu o que antes era chamado de tranças rasta ou tranças jamaicanas. O cabelo rastafári também é feito de tranças, sabia? O nome delas é *dreadlocks*. Há registros dos *dreads* nos Vedas, os textos sagrados do hinduísmo, uma religião nascida na Índia. O deus Shiva usa *locs* ou "Jaṭā", em sânscrito.

Faraós egípcios, sacerdotes astecas, antigos gregos e muitos outros usavam *dreads*, que também se tornaram símbolo da religião rastafári, que surgiu na Jamaica, em 1930.

Para os Himba, da Namíbia, o cabelo indica a idade, o estágio de vida e o estado civil da pessoa. O ato de trançar o cabelo é uma atividade que junta a família, e é nessa hora que se criam penteados elaborados, cheios de significados.

Viajando para o nordeste do Congo, encontramos os Mangbetu. Dá para ouvir a música deles de longe, porque eles são excelentes músicos. Durante milhares e milhares de anos, eles fizeram uma prática de alongamento de crânio chamada lipombo, que também foi feita pelos maias e pode ser vista em imagens do faraó Tutancâmon e da rainha Nefertiti. As mulheres Mangbetu trançam os cabelos, amarram no formato de uma cesta e decoram com agulhas feitas a partir de ossos.

Lá no Quênia e na Tanzânia, nós encontramos os Massai. Os homens têm tranças no cabelo — endurecidas com esterco de animais — e as mulheres têm a cabeça raspada. Já as mulheres Mbalantu, que vivem no extremo sul de Angola e ao norte da Namíbia usam tranças chamadas Eembuvi, que usam tranças que chegam até os pés. A partir dos doze anos, elas colocam no cabelo diversos materiais naturais, que incluem casca de árvore bem moída e óleo, para ajudá-lo a crescer cada vez mais, e o trançam em lindos e elaborados penteados que marcam cada fase das suas vidas.

materiais

- mousse de cabelo ou gel
- elásticos de cabelo
- pente
- spray ou pomada de cabelo

*se quiser usar manteiga de karité, também pode ser uma boa ideia!

passo a passo

1. Divida o cabelo em duas partes iguais. Para fazer isso, você pode usar tanto um pente quanto as mãos para separar os lados. Vai depender de você querer um resultado mais ou menos simétrico.

2. Divida cada parte em três e comece a trançar. Inicie pela parte da frente, perto da testa, e procure seguir pelo meio, próximo ao risco central da cabeça.

Atenção!
A trança boxeadora é uma trança em alto relevo. Por isso, em vez de passar as mechas pelo meio, como a gente faria numa trança tradicional, as mechas que iriam para o meio precisam ir por fora.

3 À medida que você avança com a trança, pegue mais um pouco de cabelo da mecha que você deixou separada. É importante deixar bem apertadinho e fazer sempre puxando para trás, mas com cuidado para não machucar.

4 Terminou um lado? Passe para o outro.

5 Fixe com um creme para pentear, spray ou pomada.

Tranças Nagô
ou Trança Raiz

As **tranças nagô** vêm bem rente ao couro cabeludo e podem acompanhar todo o comprimento do cabelo ou parar no topo da cabeça, deixando o resto dos fios soltos. Mas uma coisa é certa: para fazer essas tranças, o cabelo é sempre dividido em fileiras.

Vem saber um pouco da *História*!

A palavra "nagô" vem de "Anago", um povo que vivia nas regiões dos atuais Benin, Nigéria e Togo. No Brasil, depois de ter sido trazido à força e escravizado, esse povo foi chamado apenas de "nagô". As tranças nagô não eram só para enfeitar os cabelos, mas, assim como outros penteados desse tipo, eram utilizadas como meio de identificação.

Os Nagô falavam iorubá, um dos maiores troncos linguísticos da África. Além de ser uma língua, iorubá também é o nome de um povo — diferentemente do banto, como já vimos anteriormente. Vamos descobrir um pouco mais da história dos Iorubá?

O povo Iorubá tem origem na região do alto do rio Nilo, mas, no século VI, se estabeleceu na cidade de Ifé, na atual Nigéria, onde encontrou terreno fecundo para se tornar um grande império. As obras de arte do povo Iorubá e o modelo de organização de seus domínios são referência até hoje. Os iorubá eram conhecidos por serem exímios artesãos, e as mulheres dessa sociedade eram negociadoras natas.

Com o crescimento dos domínios desse grupo pela África, a cultura e a religião iorubá se espalharam pelo continente. A queda da civilização iorubá teve início entre o final do século XVII e o começo do XVIII por causa de guerras fratricidas, da chegada dos europeus à região, do tráfico de escravizados e da pressão exercida pelo povo Fula. Em 1897, os soldados britânicos arrasaram a cidade de Benin e se apoderaram das melhores obras de arte do lugar. Tendo sido arrancados de sua terra para trabalhar como escravizados no continente americano, os iorubás criaram um legado enorme como o blues nos Estados Unidos, e o candomblé e o samba no Brasil.

materiais
- xampu e condicionador
- creme de pentear ou leave-in
- pente de ponta fina ou palito de unha
- clipes para cabelos
- amarradores, búzios, miçangas e presilhas
- gel ou pomada para cabelos
- pente garfo *item opcional
- elásticos finos ou linguinhas de cabelo

passo a passo

1. Faça a técnica *blow out* que ensinamos no começo do livro (página 17) para os cabelos ganharem mais volume. Assim, você vai conseguir fazer as tranças em cabelos que estejam médios, em precisar de apliques. Se os cabelos estiverem curtos ou você não quiser fazer o *blow out*, penteie os fios secos com um pente garfo para dar volume e tirar a definição dos cachos.

2. Selecione a mecha que você vai começar a trançar com a ajuda de um palitinho de unha ou da parte fininha do pente. A mecha tem que ir do começo ao final da cabeça. Prenda o restante do cabelo com um clipe para os cabelos.

3. Passe o gel ou a pomada a partir da distância de um dedo da raiz até as pontas da mecha.

4. Nessa mecha selecionada, faça, com a ajuda do palitinho, uma mecha pequena, fomando um quadradinho bem na frente. Faça uma trança comum, dentro desse quadradinho.

5 Segure a mecha que você acabou de trançar e faça mais um quadradinho separando a mecha logo atrás dela.

6 Faça uma trança com a mecha do segundo quadradinho, mas, dessa vez, divida o cabelo em duas partes, em vez de três.

7 A trancinha do primeiro quadradinho é que vai servir como a terceira mecha da trança. Você não precisa trançar até o final.

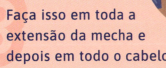

8 Faça isso em toda a extensão da mecha e depois em todo o cabelo.

9 Finalize as trancinhas com miçangas, búzios, amarradores de cabelo, presilhas... Dá até para amarrar fios coloridos de lã para finalizar. Use o que você achar que vai ficar lindo.

Dread do Pantera

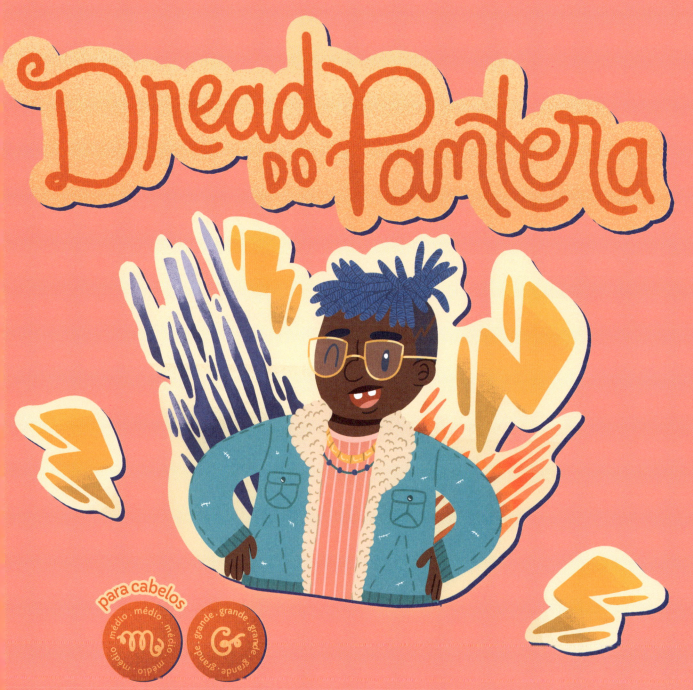

para cabelos médio, grande

Os **dreads do Pantera** foram uma revolução na cabeça de meninos e homens negros quando o filme *Pantera Negra* foi lançado. Nós vamos ensinar a você como fazer esse penteado sem precisar usar a agulha de tricô — instrumento geralmente usado para fazer um dreadlock rastafári, por exemplo. O penteado também fica ótimo em meninas.

Se quiser ter o mesmo look do antagonista do filme, o Killmonger, é importante estar com um corte degradê na parte de trás da cabeça e, no topo, estar com o cabelo de tamanho médio. Se o seu cabelo estiver curto, você pode fazer o Nudred, que ensinamos na página 57 do livro.

Vem saber um pouco da *História!*

Em 1966, a Marvel criou seu primeiro herói negro: o Pantera Negra. Muitos anos depois, em 2018, o personagem da história em quadrinhos deu origem a um filme, que você provavelmente já viu. *Pantera Negra* foi um grande sucesso do cinema e se tornou um grande símbolo de representatividade na televisão, por ter um elenco composto quase totalmente de pessoas negras. O filme, aliás, fez com que muita gente acreditasse que Wakanda fosse um país da África — mas não é. Wakanda é a junção de diferentes povos que formam a imagem de uma civilização culturalmente muito rica, como tantas que já citamos neste livro. Mas quem são os Panteras Negras que inspiraram o filme e as HQs?

Assim como o personagem, o Partido dos Panteras Negras (PPN) foi criado 1966, em Oakland, cidade da Califórnia, nos Estados Unidos. Seus dois fundadores, Bobby Seale e Huey P. Newton, eram estudantes universitários e ativistas do movimento Black Power, sobre o qual a gente contou mais para você na página 28.

No século XX, muitas pessoas negras norte-americanas migraram do sul dos Estados Unidos para o norte do país, acreditando que lá sofreriam menos racismo. Ao chegarem, porém, elas descobriram que teriam que enfrentar, além do racismo que já encontravam em outras regiões do país, a violência e a brutalidade policial.

Foi nesse contexto que surgiram os Panteras Negras, um grupo de vigilância armada — que se baseava no direito ao porte de armas assegurado pelo governo dos Estados Unidos — que tinha o intuito de evitar brutalidade policial. Além disso, eles defendiam a autogestão da sociedade, na qual todos são responsáveis por governar e as responsabilidades são divididas, e criaram programas sociais para pessoas negras, latinas, asiáticas e brancas empobrecidas.

Os Panteras Negras viraram os inimigos número 1 do FBI. Foram intimidados, presos e muitos até foram assassinados. Toda essa perseguição fez com que o partido fosse de milhares de membros e sede em 68 cidades dos Estados Unidos e em países como Inglaterra e Argélia na década de 1970, para apenas 27 membros mundiais na década de 1980. No seu auge, o PPN tinha programas sociais que buscavam a igualdade de direito para todas as pessoas empobrecidas, fossem elas negras, latinas, asiáticas ou brancas. Mas, com seus líderes sendo tratados como vilões e sua organização sendo desmantelada, o PPN terminou no final da década de 1980.

O partido divide opiniões ainda hoje. Muitos acreditam que os Panteras Negras tenham criado a organização de movimentos negros mais influente dos anos 1960 e tenham sido um dos maiores expoentes na luta contra o imperialismo americano.

materiais

- creme para pentear ou leave-in
- gel ou gelatina para cabelo
- pente
- óleo para cabelo
  * pode ser óleo de uva, rícino, abacate ou manteiga de karité

passo a passo

1. Nos cabelos limpos e já secos, passe o creme para pentear abundantemente.

2. Penteie os cabelos delicadamente, desembaraçando os fios com cuidado.

cacheado cuidado carinho · crespo cuidado carinho

Coloque gel ou gelatina para cabelo na quantidade de uma moeda de um real na ponta dos dedos indicador e médio.

Separe uma mecha de 1 cm e comece a enrolar entre os dedos polegar, indicador e o do meio, até fazer dreads. Enrole todo o cabelo.

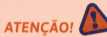

Repita o procedimento por todo o cabelo e pronto!

ATENÇÃO!
Para o resultado durar mais tempo, tente ficar um ou dois dias sem molhar o cabelo. E não se preocupe, o cabelo crespo e cacheado gosta de um pouco mais de oleosidade. Se alguns dos dreads desmancharem, você pode refazer da mesma maneira.

Para desmanchar, basta lavar os cabelos, passar creme em abundância e pentear com cuidado os dreads.

Twist do Pantera

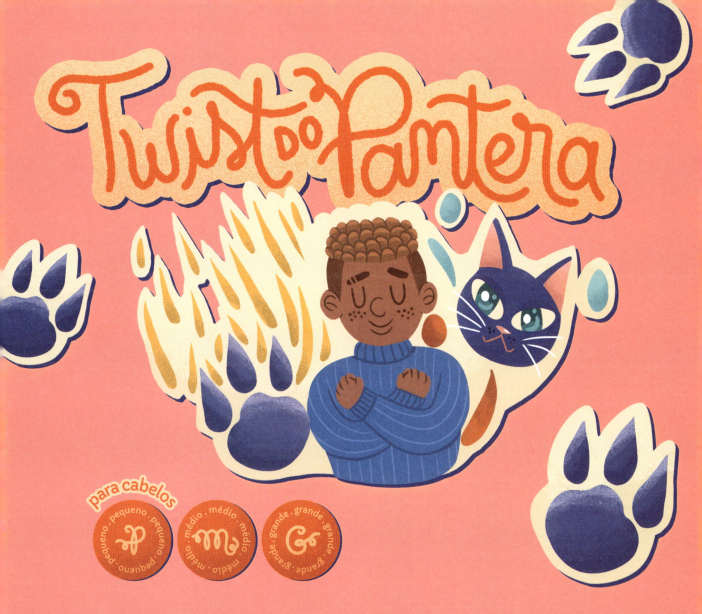

para cabelos — pequeno · médio · grande

O Nudred é uma texturização e também um penteado. O nome Nudred virou sinônimo desse penteado no Brasil e é o estilo do cabelo do T'Challa, personagem principal do filme *Pantera Negra*. A esponja da marca original não é vendida por aqui, mas basta você buscar por esponja Nudred/esponja twist/esponja casca de ovo que você encontra o modelo ideal para fazer o penteado em diversos sites e lojas especializadas que entregam no Brasil todo. É comum serem vendidos kits com as três esponjas, ou de um lado a casca de ovo e do outro a esponja com furinhos. Os preços não ultrapassam 20 reais.

 O Nudred é um penteado supersimples e fácil. Ele pode ser feito em qualquer tamanho de cabelo <u>crespo</u>. Em cabelos majoritariamente lisos, ondulados ou cacheados, o Nudred não funciona. Esse penteado fica mais interessante se a parte do topo da cabeça estiver com o cabelo um pouco maior, mas, caso não esteja, tudo bem. Você pode fazer por toda a cabeça e ter twists por todo o cabelo.

Vem saber um pouco da História!

Em 2004, lá nos Estados Unidos, uma mãe estava dando banho no filho mais novo, e então o pai da criança entrou no banheiro para buscar alguma coisa. Nesse momento, ele viu que a esposa usava uma esponja para texturizar o cabelo do filho, que ficava supercacheado, com pequenos dreads. Então ele pensou: *Por que não fazer algum objeto para essa técnica e vender para pessoas negras?* Algum tempo depois, o casal pensou que seria interessante se colocasse furos na esponja para facilitar a criação dos dreads, e foi aí que nasceu a esponja Nudred, que em inglês pode significar "novo dread" mas também representa as iniciais das palavras "nutrindo", "elevando", "divinamente", "rejuvenescendo", "evoluindo" e "diariamente", segundo os criadores.

1 Com os cabelos limpos e condicionados, ainda úmidos (os fios não podem estar nem muito molhados nem secos para o penteado funcionar), aplique um pouco do creme para pentear de sua preferência.

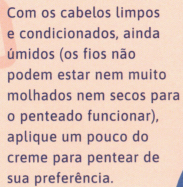

2 Com a esponja, faça movimentos circulares horários ou anti-horários até os cachos ficarem da maneira que você quer (o que pode levar de 1 a 5 minutos). Lembre-se de nunca fazer os movimentos para dois lados diferentes — isso faz com o que os cachos desmanchem!

59

3 Se quiser, você pode alongar os cachos para cima para fazê-los crescer com o auxílio de um pente garfo e finalizar com gel, gelatina para cabelo, creme para pentear ou fixador. O fixador agride os fios, então, não use sempre. E tá pronto! Viu como é fácil?

Falso Moicano

para cabelos

* pequeno · médio · grande

* Quanto maior o cabelo, maior fica o topete.

pequeno detalhe A gente chamou de "falso moicano" porque não é preciso raspar o cabelo para fazer esse penteado. Se você quiser um moicano verdadeiro, vá a um salão de beleza e peça um no capricho!

Vem saber um pouco da História!

O penteado moicano também é chamado de iro, porque faz parte da cultura dos povos iroqueses, compostos de um grupo de seis nações indígenas da América do Norte: Moicanos, Onondaga, Oneida, Cayuga, Seneca e Tuscarora. Esse estilo provavelmente se popularizou por causa de um filme de 1938 chamado *Drums Along the Mohawk* (traduzido livremente, "tambores junto aos Moicanos") em que o penteado apareceu em Hollywood pela primeira vez.

Mas esse penteado é milenar! Existem obras de arte nos cemitérios de Pazyryk (um antigo povo nômade que hoje viveria onde é a Rússia Siberiana) que datam de 600 a.C. e retratam guerreiros citas ostentando moicanos. O escritor grego Heródoto afirmou que os Macai, que viviam no norte da Líbia, "raspam o cabelo de forma a deixar tufos. O meio do cabelo cresce comprido, mas redondo de todos os lados, e é raspado rente à pele.

Entre os Pawnee, indígenas americanos que viviam onde atualmente ficam o Nebraska e o norte do Kansas, o penteado moicano também era comum. Os cossacos ucranianos também usavam esse corte de cabelo quando iam para a guerra, lá no século XVI.

VOCÊ SABIA?

Em 2003, na Irlanda, foi encontrada uma múmia — de dois mil anos! — de um jovem com um moicano. Ele foi chamado de o Homem de Clonycavan, e seu penteado estava preservado por um gel feito de óleo vegetal e resina de pinheiro.

E sabe como eram os moicanos dos moicanos? Eles arrancavam todo o cabelo das laterais da cabeça com as mãos e só deixavam um quadrado no topo dela.

Entre Namíbia e Angola, meninos e adolescentes do sexo masculino que fazem parte do povo Himba, falantes da língua Otji Himba, do tronco banto, mantêm moicanos com uma trança única da infância até o casamento. O cabelo é raspado quase inteiro, deixando no meio uma trança grossa sozinha. Quando eles se casam e, pela tradição local, passam a ser considerados homens, eles começam a usar turbante, que só é tirado em caso de luto. Além dos Himbas, etnias como Mandara, Peul, Bamun de Camarões e Redille do Oeste africano também utilizam penteados semelhantes ao moicano. Esses povos às vezes chamam esse estilo de "penteado com crista", já que o topete parece uma crista de galo.

materiais
- xampu e condicionador
- creme para pentear ou leave-in
- elásticos de cabelo
- pente de ponta fina ou as pontas dos dedos
- spray, pomada ou gel para cabelos

passo a passo

1. Lave os cabelos normalmente e use um creme para pentear.

2. Traga todo o cabelo para o topo da cabeça.

3. Com a parte fina do pente, separe o cabelo em três partes: uma no topete, uma no topo da cabeça e outra perto da nuca.

63

4 Use elásticos para amarrar essas partes no alto da cabeça, deixando-as bem juntas, uma atrás da outra, de um jeito que pareçam a crista de um dinossauro.

5 Escolha um produto finalizador para dar aquele brilho, um gel que não agrida os fios, glitter para cabelo e um pouquinho do creme para pentear ou do próprio gel.

6 Pronto! É só afofar o afro para deixar o moicano ainda mais lindo.

Cortes de Cabelo

Ué, mas não eram penteados?

Bom, a gente decidiu criar também uma curta seção de cortes de cabelo para mostrar que, se você não conseguir fazer penteados com o seu cabelo, pode ter cortes bonitos, que precisam de pouca manutenção. A gente também acha que pessoas negras que querem — ou, por alguma razão, precisam — ter cabelos curtos podem conhecer alguns tipos de corte para dar mais estilo no cabelo. Existem cortes lindos e que são perfeitos para cabelos cacheados e crespos!

    A gente vai te contar como fazer em casa, mas você pode ir à cabeleireira ou ao cabeleireiro de confiança e pedir um desses cortes.

Flat Top

Vem saber um pouco da *História*!

O flat top é também conhecido como high-top fade. Um dos primeiros registros dele foi na cabeça da cantora, atriz e modelo Grace Jones, nos anos 1980. Esse corte virou um símbolo dos jovens negros americanos que gostavam de hip-hop, e, em 1987, apareceu do jeito que a gente conhece hoje no clipe "Tramp" da banda feminina Salt-N-Pepa. Aqui no Brasil, a gente conhece como o corte do Will Smith na série *Um Maluco no Pedaço*, nos anos 1990. O penteado também fez sucesso com o filme *Uma festa de arromba*, também de 1990.

materiais

máquina de cortar cabelo

óleo para desembaraçar, creme para pentear ou leave-in

pente garfo ou de dentes largos

passo a passo

1. Passe um óleo ou creme no cabelo seco para desfazer os nós. Usando um pente garfo e os dedos, desfaça todos os nós do cabelo. Sempre com muito cuidado.

2. Crie uma linha imaginária logo acima da orelha, aproximadamente na altura da sobrancelha. Se você quiser, use um a ponta do cabo de um pente fino para ajudar a traçar a linha. É a partir daí que você vai raspar.

3. Pegue o pente número 2 da máquina e passe dessa linha para baixo ao redor de toda a cabeça.

4. Você pode usar a técnica do degradê, que mostramos na página 68 para as laterais, ou raspar no pente que você preferir.

5. Na parte superior do cabelo, use a máquina na perpendicular aos poucos, eliminando excessos para deixar o cabelo quadrado.

6. Ajuste as pontas desiguais com cuidado até alcançar o visual desejado.

Degradê

ou Disfarce ou corte do jaca

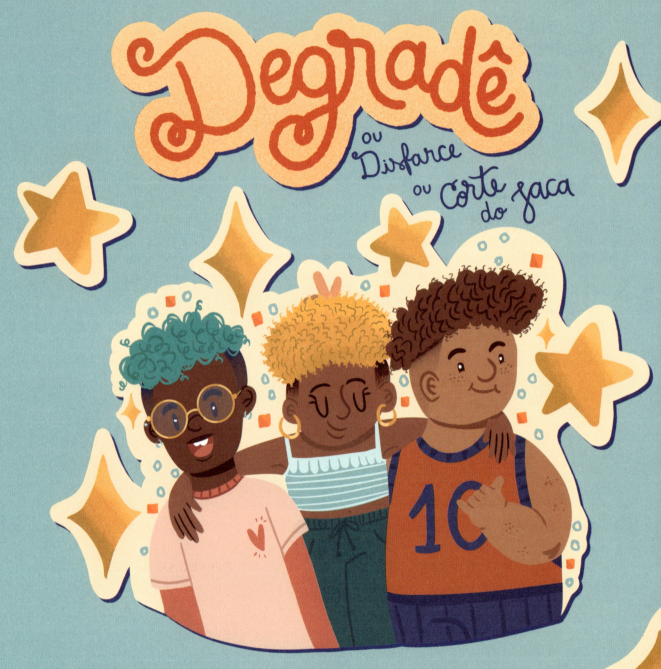

Muita gente conhece esse estilo de corte de cabelo como corte do jaca, porque ele surgiu no início dos anos 2010 na favela do Jacarezinho, que fica na zona Norte do Rio de Janeiro. De lá, o corte se espalhou pelo Brasil! Existem muitos tipos de degradês nas laterais, e esses cortes existem há muitos e muitos anos. Nós vamos ilustrar alguns para você se inspirar e até levar para um cabeleireiro para fazer igual. Existem cabeleireiros especializados em cabelos crespos que podem até fazer desenhos no cabelo, e pintar. O importante é sempre construir um estilo que vá além do cabelo raspado — principalmente os meninos, que muitas vezes nem sequer conhecem a textura do próprio cabelo.

materiais: máquina de cortar cabelo; óleo para desembaraçar, creme para pentear, ou leave-in; pente garfo ou de dentes largos

1. O DEGRADÊ CLÁSSICO

É um corte com a nuca bem marcada, curtinho atrás e com as laterais aumentando o pente até chegar no topo da cabeça.

2. LOW FADE

Low quer dizer "baixo" em inglês. Então, a diferença dele para o degradê clássico é que na altura da nuca ele tem menos cabelo. Comece com a máquina 1. Com a ajuda de um pente, faça uma diagonal imaginária da ponta do olho até a parte central da cabeça. Vá aumentando o pente conforme for subindo na cabeça. Se o cabelo estiver maior no topo, vai ficar mais legal.

3. HIGH FADE

High quer dizer "alto". Nele, a nuca e os lados do cabelo são bem baixos e, em contraste, o topo é cheio. É um estilo parecido com o moicano. Raspe as laterais com máquina 1 até quase o topo da cabeça, fazendo um "biquinho" na parte de trás.

Ah, que bom te ver por aqui! Isso quer dizer que você terminou o **Manual de penteados para crianças negras**. Mas, antes de o livro acabar de vez, a gente queria deixar algumas inspirações para você descobrir mais penteados e estilos por conta própria. Reunimos algumas referências citadas ao longo do manual e outras indicações para você se inspirar!

E, se você fizer alguns dos nossos penteados, compartilhe fotos com seus amigos! Para a gente e todo mundo poder ver, também compartilhe nas redes sociais e marque **@companhiadasletrinhas**. Quem sabe você também não se torna uma inspiração para outras crianças negras?

no cinema e na TV

Um Maluco no Pedaço
Nesse seriado dos anos 1990, Will Smith interpreta um jovem que se muda para a casa dos tios ricos. A série revolucionou a forma de mostrar pessoas negras na televisão! E ao mesmo tempo que é uma série de comédia, também aborda temas políticos e sociais.

Uma festa de arromba
Outro sucesso das tardes dos anos 1990 com penteados muito parecidos com os do Will Smith em *Um Maluco no Pedaço*. Nesse filme, dois jovens resolvem fazer uma festa daquelas para impressionar um produtor musical da região.

Pantera Negra
Tanto no cinema quanto nos quadrinhos, os diferentes cortes, penteados e estilos de cabelo fizeram do Pantera Negra um fenômeno estético para muitas pessoas negras — além de ele ser um dos maiores super-heróis de todos os tempos!

Hair Love
Essa é uma linda animação (que ganhou o Oscar em 2020!) sobre o ritual de cuidado com os cabelos. Protagonizado por um pai e sua filha, mostra muito bem a importância do afeto e do cuidado na hora de cuidar dos fios.

Encanto
A animação da Disney trouxe não só muita música e magia, como também inspiração para as crianças com cabelos crespos — principalmente os meninos!

Black-Ish
Essa série conta a história de uma família negra de classe média que vive nos Estados Unidos. Os quatro filhos da família, além de terem idades diferentes, também mostram diversos cortes e penteados ao longo dos episódios.

ícones do entretenimento

Jackson 5
A banda era formada por cinco irmãos (entre eles Michael Jackson!) que usavam black power e ditaram a moda nos anos 1970. Os irmãos Jackson nunca disseram que apoiavam o Movimento dos Direitos Civis, mas seus penteados indicavam que sim!

Willow Smith (ou WILLOW)
Quando tinha apenas dez anos, Willow lançou a música "Whip my hair". No clipe, vemos a cantora e as dançarinas com diferentes penteados. Desde então, ela já teve o cabelo trançado, raspou todos os fios, deixou o cabelo natural, colorido... Ah, e ela adora bantu knots, os nossos coquinhos de coquinhos.

MC Soffia

O primeiro clipe de MC Soffia já avisava que era ela. Aos doze anos, a rapper e atriz lançou "Menina pretinha" e fez muito sucesso desde então. Hoje em dia, ela sempre usa diferentes penteados em que podemos nos inspirar.

Amanda Mendes (do perfil @todecrespa)

Amanda Mendes gravou o seu *big chop*, ou seja, seu corte de cabelo para retirar a química dos fios e deixá-los crescer naturalmente. Depois de postar o momento nas redes sociais, ela passou a influenciar muitas pessoas a fazerem o mesmo e recuperarem seus cacheados e crespos. O seu canal no YouTube é repleto de dicas e vídeos de passo a passo.

Zezé Motta

Cortes assimétricos, fios grisalhos, perucas, cabelos ondulados, turbantes, lenços... Uma das maiores atrizes brasileiras, Zezé Motta também é uma camaleoa de penteados maravilhosos. A atriz falou em 2021 sobre o fato de que as mulheres negras devem ter o cabelo que quiserem.

Janelle Monáe (@janellemonae)

A cantora, atriz e diretora de cinema norte-americana é um símbolo do afrofuturismo nos dias de hoje. Está em busca de penteados mais diferentes? Cheque o perfil dela nas redes sociais!

Ícaro Silva

O ator, modelo, cantor e escritor paulista é outro camaleão dos penteados aqui no Brasil! Usa sempre cortes e penteados diferentes e é uma boa fonte de pesquisa e inspiração.

Matheus Pasquarelli (@matheuspasquarelli)

Matheus, da Cohab Brasilândia, que fica na zona oeste de São Paulo, é um influenciador incrível que você precisa conhecer. Sempre usa penteados e cortes diferentes, o que o torna uma inspiração especialmente para os meninos (de todas as idades!).

cabeleireiros incríveis

Quer ajuda para fazer penteados e cortes incríveis ou precisa de mais inspiração? Conheça estes cabeleireiros!

Lusafro (@lu_safro)
O salão fica em São Paulo, capital, mas não importa onde você more: as redes sociais estão repletas de fotos empolgantes.

Carol Castilho (@caroldoscaracois)
Carol Castilho (ou Carol dos Caracóis) é uma cabeleireira especializada em cabelos crespos e cacheados. Nas redes sociais dela você pode ver muitos cortes, fotos de antes e depois (principalmente de big chop, ou seja, o corte da parte alisada através de procedimentos químicos para que o cabelo cresça ainda mais forte e saudável, em sua textura natural) e referências de penteados. Se você morar em São Paulo, então, pode até dar um pulinho lá!

Maia Boitrago (@maiaboitrago)
A Maia é do Rio de Janeiro, capital, e já fez os penteados de muitas artistas brasileiras, como a cantora Iza e a atriz Taís Araújo. Com certeza você vai se apaixonar por um dos penteados que ela divulga em suas redes sociais — tem para todos os gostos!

Zion Dread Maker (@ziondreadmaker)
Se apaixonou pela ideia de manter os dreads na cabeça? Esse salão fornece muitas dicas em suas redes sociais para você cuidar de cada dread com muito carinho.

Posfácio

Sempre achei que faltava este livro no mundo. Seja para crianças, seja para adultos que cuidam delas. A História, com H maiúsculo, sempre foi tão rica em todas as conversas que tive com as pessoas negras com quem convivi, que achava estranho ela não estar contada em um livro lindão. As minhas amigas Joana e Mari fizeram uma pesquisa gigantesca justamente para essa História ser contada como merece.

Então, agora existe o livro que faltava. As crianças que tiverem acesso a essas histórias serão mais espertas e muito mais conscientes e seguras da sua beleza. E espero que muitas crianças brancas, amarelas, não negras... também leiam este livro e entendam que convivem com uma pequena realeza e suas coroas. Porque é isso que são os penteados: coroas desse novo reinado que estamos vendo nascer, um reinado de crianças negras que sabem e conhecem seu passado e que podem mudar seu futuro.

Que este livro seja mais um passo por um mundo mais legal para todo mundo. Que a gente conviva mais, se respeite mais e veja a maravilha das diferenças. Torço por um mundo em que todos entendam, crianças e adultos, que respeitar alguém diferente da gente deve ser a regra.

Que este livro seja o primeiro fio desse novo penteado do mundo, em que todo mundo está trançado junto e misturado.

Cristina Naumovs

sobre as autoras

Joana Gabriela Mendes

Nasci no Natal de 1985 em uma cidade na Floresta Amazônica chamada Porto Velho, em Rondônia, onde morei a maior parte da minha vida. Quando eu era pequena, sempre faltava luz na minha cidade, o que fez com que eu fosse uma criança — e, consequentemente, uma adulta — com muita imaginação. Por isso, depois da faculdade, virei redatora publicitária, e agora você tem o meu primeiro livro em mãos.

Como muitas crianças negras que cresceram nos anos 1990, eu tive pais que não sabiam como lidar com o meu cabelo, e, quando eu tinha nove anos, começaram os alisamentos, que duraram até os meus vinte e dois anos. Além disso, como muitas crianças negras, eu tinha curiosidade de entender por que o meu cabelo crescia para cima e não para baixo. Afinal, por que tantos nozinhos? Mas nada de ninguém conseguir me explicar...

Por isso escrevi este livro para a criança que eu fui e para que mães, pais e cuidadores consigam entender a fundo o que é um cabelo crespo e como tratar o dono dele com muito amor, cuidado, afeto e, claro, estilo.

acervo pessoal

Nasci na cidade do Rio de Janeiro em 1981. Sou, portanto, uma criança-adulta. Estudei cinema na faculdade, porque nos filmes podemos voar ou até mesmo ir à Lua. Assim como nos livros.

Sempre gostei muito de ler, e uma das minhas histórias favoritas era sobre uma menina muito curiosa que, assim como eu, perguntava tudo o tempo todo. Uma das minhas perguntas recorrentes era: como pode ser tão difícil cuidar do meu cabelo?

Minha avó cuidava do meu cabelo fazendo tranças, coquinhos... Lembro que às vezes doía, pois os fios crespos são muito delicados. Em umas férias na casa de uma tia, porém, ela alisou meus fios com produtos químicos. Com o tempo, por vergonha e por não entender direito a importância do meu cabelo, deixei de gostar das tranças e quis ser como todo mundo dizia que eu deveria ser.

Um dia, já adulta, lembrei da sensação de ter o poderoso e macio black power dos meus doze anos quando senti o vento bater nele em Salvador, Bahia. Desde então, voltei a amar meu cabelo.

Nossos cabelos são como coroas de rainhas e reis e, se bem cuidados, brilham muito. Por isso escrevi este livro: para ajudar você a manter sua coroa sempre reluzente.

sobre a ilustradora

Flávia Borges

Meu nome é FLÁVIA BORGES e assino como Breeze Spacegirl nas redes sociais. Nasci na zona leste de São Paulo em 1996 e moro lá desde então. Em 2018, lancei de forma independente minha primeira história em quadrinhos, *Maré alta*, pela qual fui indicada em duas categorias no 35º Troféu Angelo Agostini (Melhor Lançamento Independente 2018 e Melhor Desenhista 2019). Desde então atuo como ilustradora e quadrinista, principalmente para os mercados editorial, de produtos infantis e publicitário.

Minha temática favorita para ilustrar são histórias, reais ou fictícias, com narrativas diversas, que fujam de estereótipos. Ilustrar este manual não só abraçou as minhas paixões, como também foi uma realização de um sonho de infância. Se eu e meus familiares tivéssemos tido contato com todas essas dicas e referências minha relação com o meu cabelo e com a minha cor teria sido completamente diferente.

Hoje, quase sete anos após a transição capilar, consigo enxergar o meu cabelo, que era uma das características de que eu menos gostava em mim, como uma das de que mais gosto. Eu me sinto confortável o suficiente para mudá-lo como eu quiser sem ficar presa a nenhuma pressão social. Meu cabelo representa o início da minha jornada em busca de autoestima, tanto física como intelectual. Então espero que esta obra (de que tenho tanto orgulho de ter feito parte!) mostre para diversas crianças e adultos como nós, negros, somos diversos e merecemos todo o afeto, cuidado e estilo que nos foram tirados por anos. Podemos e temos o direito de ser o que quisermos!

sobre a designer
Marina Venancio

acervo pessoal

Nasci na terça-feira de Carnaval de 1993, em Várzea Paulista, no interior de São Paulo, mas nunca morei lá. Cresci em Cajamar e em Itatiba, até que me mudei para Belo Horizonte, aos vinte anos. Fui para lá para estudar design gráfico, uma área que me atraía antes mesmo de eu saber exatamente o que era, e acabei me identificando muito com a cidade — embora hoje eu viva viajando para lá e para cá, morei em BH por oito anos, e é o lugar onde mais me sinto em casa.

Na época em que cresci, havia uma espécie de ditado que ouvi muitas vezes: "Seu cabelo é bandido... quando não está preso, está armado". Meu cabelo estava sempre preso, pois estar "armado" significava ser volumoso e, na época, era sinônimo de desarrumado. Deixar o cabelo livre, natural e sem controlar os cachos era inaceitável, e, justamente por quererem manter o controle dos meus cachos e não admitirem que eu andasse por aí com o cabelo armado, meus pais achavam que meu cabelo dava muito trabalho e um dia o cortaram bem curtinho. Esperei ansiosa por anos para ver meu cabelo grande novamente. Quando ele estava crescendo, começaram os relaxamentos, que não exatamente alisavam o cabelo, mas modificavam a estrutura dele a ponto de ele perder o volume — e a vida.

Em 2012 comecei minha transição e sempre tentava ter os cachos perfeitos, até que comecei a deixar meu cabelo sem finalizar de vez em quando e amei vê-lo em sua forma mais natural possível! Hoje eu amo sair com meu cabelo "armado" por aí.

A marca FSC® é a garantia de que a madeira utilizada na fabricação do papel deste livro provém de florestas que foram gerenciadas de maneira ambientalmente correta, socialmente justa e economicamente viável, além de outras fontes de origem controlada.

Esta obra foi composta em Asap e impressa pela Gráfica Santa Marta em ofsete sobre papel Alta Alvura da Suzano S.A. para a Editora Schwarcz em junho de 2022